U0112938

前言

官箴，顾名思义，即做官的箴言。中国古代，官吏在代君『牧民』过程中，面临如何尽忠报国，如何处理公务，如何对待同僚与民众等问题。他们经过自己的摸索与实践，总结出了大量的关于如何做官的心得体会、经验教训，这些就是居官的箴言。

官箴滥觞于秦代，《睡虎地秦墓竹简》中的《为吏之道》即是论说做官的规范。到宋代，官箴书形成并发展起来，现存的有陈襄的《州县提纲》、李元弼的《作邑自箴》、吕本中的《官箴》、胡太初的《昼帘绪论》等等。到明清时代，则达于极盛，成书成篇的约有四百余种。

官箴的宗旨是要官吏做到『公而忘私、国而忘家，

志于立功树名，富贵不蒙于心。』其规范官吏的行为准则主要包括：一是要清正廉洁，不贪不贿，精洁清廉；二是要公道正直，以公平服人心，以正直为身谋；三是要躬亲勤政，兢兢业业，身任其劳；四是要坚持原则，执行政令一丝不苟，守法不失，执法不移，严格依法办事。五是要有革新精神，不墨守成规，勇于兴利除弊。此外，如何上任、离任，如何处理上下左右关系，如何用人、理财、催科、听讼、赈恤，如何保持晚节等都有具体阐述。

官箴大致可分为四类：第一类，为帝王为臣僚而著。如武则天的《臣轨》，清世宗（雍正帝）的《御定人臣儆心录》，这一类官箴为数不多，但因为冠以帝王之名，故而影响较大。第二类，官员个人从政经验的总结。这

类官箴较多，最具代表性的有南宋吕本中的《官箴》。书中总结出的当官之法的三字诀：『清、慎、勤』，影响深远。再有南宋真德秀的《西山政训》、明薛瑄的《薛文清公从政录》等，多为从政心得之言，文简而义赅。第三类，先儒为官之道或居官法则的政论辑抄。如《朱文公政训》、《牧鉴》等。这类官箴内容丰富，所辑先儒政论的历史跨度大，便于查阅。第四类，多种官箴的汇集类编，集中保存了大量极有价值的史料，极具资料价值。

在中国浩瀚的文化遗产中，政治文化是其十分重要的组成部分。官箴书作为传统文化的重要组成部分——官僚行政文化的载体，其中蕴含着为民、敬民、爱民的中国古代行政经验的优秀传统，可以为现代行政文化建设提供有益的借鉴。在改革开放的新形势下，

以人为本、执政为民、勤政廉政等一系列为人民服务的执政理念、行政观念正在大力弘扬。在此，借鉴我国古代行政文化的优秀传统也是十分必要的。当然，古代官箴从根本上说，是为维护封建统治服务的，自有其局限性。但是，『何妨粟有秕』，只要摒弃其封建糟粕，吸收其有用的精华，仍然是有积极意义的。这也就是本书的编辑宗旨。

本着这一宗旨，本书共收录具有代表意义的官箴书或文二十六种，依时代顺序排列，计先秦一种，唐代一种，宋代六种，元代三种，明代八种，清代七种。所选主要着眼于州县一级官员之撰述，以求其广泛的适用性。同时，所选均据完整精良之版本，故又具较高的学术和收藏价值。

限于选编者的视野和水平，在编选方面难免有不足不当之处，敬希读者和方家不吝指教。

总目次

第一册

为吏之道 〔秦〕佚名 撰
臣轨 〔唐〕武则天 撰
州县提纲（节选） 〔宋〕陈襄 撰
作邑自箴（节选） 〔宋〕李元弼 撰
官箴 〔宋〕吕本中 撰
朱文正公政训 〔宋〕朱熹 著

第二册

西山政训 〔宋〕真德秀 著
昼帘绪论 〔宋〕胡太初 撰
牧民忠告 〔元〕张养浩 撰

第三册

风宪忠告 〔元〕张养浩 撰
庙堂忠告 〔元〕张养浩 撰
从政录 〔明〕薛瑄 撰
政问录 〔明〕唐枢 撰
宦游日记 〔明〕徐榜 辑
求志编 〔明〕王文禄 撰

第四册

牧鉴 卷一至卷五 〔明〕杨昱 著

第五册

牧鉴 卷六至卷十 〔明〕杨昱 著

第六册

官箴集要 〔明〕汪天锡 辑

第七册

呻吟语·治道　〔明〕吕坤　撰

第八册

康济谱　卷一至卷二　〔明〕潘游龙　辑

第九册

康济谱　卷三至卷五　〔明〕潘游龙　辑

第十册

康济谱　卷六至卷七　〔明〕潘游龙　辑

第十一册

治镜录集解　〔清〕隋人鹏　撰

第十二册

在官法戒录·总论　〔清〕陈弘谋　撰

居官日省录　〔清〕乌尔通阿　编

第十三册

平平言（节选）　〔清〕方大湜　撰

图民录　〔清〕袁守定　撰

第十四册

学治臆说　〔清〕汪辉祖　撰

居官镜　〔清〕刚毅　撰

矢阅，枪闺（蔺）环殳。比（庇）臧（藏）封印，水火盗贼；金钱羽旄，息子多少，徒隶攻丈，作务员程，老弱瘁（癃）病，衣食饥寒，稾靳㴲（渎），扁（漏）屋涂墍（塈），苑囿园池，畜产肥胔（胔），朱珠丹青。临事不敬，倨骄毋（无）人，苛难留民，变民习浴（俗），须身旞（遂）过，兴事不时，缓令急征，夬（决）狱不正，不精于材（财），法（废）置以私。

处如资（斋），言如盟，出则敬，毋施当，昭如有光。施而喜之，敬而起之，惠以聚之，宽以治之，有严不治。与民有期，安驺而步，毋使民惧。疾而毋諰，简而毋鄙。当务而治，不有可茝。劳有成既，事有几时。

治则敬自赖之，施而息之，犢而牧之；听其有矢，从而贼（则）之；因而征之，将而兴之，虽有高山，鼓而乘之。民之既教，上亦毋骄，孰道毋治，发正乱昭。安而行之，使民望之。道傷（易）

官箴荟要

车利，精而勿致，兴之必疾，夜以椄（接）日。观民之诈，罔服必固。地修城固，民心乃宁。百事既成，民心既宁，既毋后忧，从政之经。不时怒，民将姚去。

长不行，死毋（无）名；富不施，贫毋（无）告也。 贵不敬，失之毋□，君子敬如始。戒之戒之，言不可追；思之思〔之〕，某（谋）不可遗；慎之（慎之），货不可归。

凡治事，敢为固，谒私图，画局陈卑以为耤。肖人聂心，不敢徒语恐见恶。

凡戾人，表以身，民将望表以戾真。表若不正，民心将移乃难亲。

操邦柄，慎度量，来者有稽莫敢忘。贤鄙溉辥，禄立（位）有续孰敨上。

邦之急，在體（体）级，掇民之欲政乃立。上毋间阹，

下虽善欲独可（何）急？

审民能，以赁（任）吏，非以官禄夬（决）助治。不赁（任）其人，及官之敃岂可悔？

申之义，以毄畸，欲令之具下勿议。彼邦之䂍（倾），下恒行巧而威故移。

将发令，索其政，毋发可异史（使）烦请。令数囚环，百姓榣（摇）贰乃难请。

听有方，辨短长，困造之士久不阳。

廿五年闰再十二月丙午朔辛亥，□告相邦：民或弃邑居壄（野），入人孤寡，徼人妇女，非邦之故也。自今以来，叚（假）门逆吕（旅），赘婿后父，勿令为户，勿鼠（予）田宇。三枼（世）之后，欲士（仕）士（仕）之，乃（仍）署其籍曰：『故某虑赘婿某叟之乃（仍）孙。魏户律。

廿五年闰再十二月丙午朔辛亥，□告将军：叚（假）门逆闾（旅），赘婿后父，或衛（率）民不作，不治室屋，寡人弗欲。且杀之，不忍其宗族昆弟。今遣从军，将军勿恤视。享（烹）牛食士，赐之参饭而勿鼠（予）殽。攻城用其不足，将军以堙豪（壕）。魏奔命律。

口，关也；舌，几（机）也。一堵（曙）失言，四马弗能追也。口者，关；舌者，符玺也。玺而不发，身亦毋薛（辥）。人各食其所耆（嗜），不踐以贫（分）人；各乐其所乐，而踐以贫（分）人。

臣轨

〔唐〕武则天 撰

《臣轨》是唐代女皇武则天的众多著述之一。全书分上下两卷，有国体、至忠、守道、公正、匡谏、诚信、慎密、廉洁、良将、利人十章，向百官提出了具体的为官准则。

现在所见《臣轨》各本，均出自日本宽政至文年间出版的《佚存丛书》本。此本前有『序』，后有『论』，文中有注，但不知注者姓氏、年代，卷末题『垂拱元年撰』。本书所选即《佚存丛书》本，略去了『序』与『注』。

臣轨上

同体章

夫人臣之于君也，犹四支之载元首，耳目之为心使也。相须而后成体，相得而后成用。故臣之事君，犹子之事父。父子虽至亲，犹未若君臣之同体也。

故《虞书》曰：『臣作朕股肱、耳目。余欲左右有人，汝翼；余欲宣力四方，汝为。』故知臣以君为心，君以臣为体。心安则体安，君泰则臣泰。未有心瘁于中，而体悦于外；君忧于上，而臣乐于下。古人所谓共其安危，同其休戚者，岂不信欤！

夫欲构大厦者，必藉众材。虽楹柱栋梁，拱栌榱桷，长短方圆，所用各异，自非众材同体，则不能成其构。为国者亦犹是焉。虽人之材能，天性殊禀，或仁，或智，或武，

或文，然非君臣同体，则不能兴其业。故《周书》称：殷纣有亿兆夷人，离心离德，此其所以亡也；周武有乱臣十人，同心同德，此其所以兴也。

《尚书》曰：『明四目，达四聪。』谓舜求贤，使代己视听于四方也。昔屠蒯亦云：『汝为君目，将司明也；汝为君耳，将司听也。』轩辕氏有四臣，以察四方。故《尸子》云：『黄帝四目。』是知君位尊高，九重奥绝，万方之事，不可独临。故置群官，以备爪牙、耳目。各尽其能，则天下自化。故冕旒垂拱，无为于上者，人君之任也；忧国恤人，竭力于下者，人臣之职也。

《汉名臣奏》曰：『夫体有痛者，手不能无存；心有惧者，口不能勿言。忠臣之献直于君者，非愿触鳞犯上也。良由与君同体，忧患者深，志欲君之安也。』

陆景《典语》曰：『国之所以有臣，臣之所以事上，非但欲备员而已。天下至广，庶事至繁，非一人之身所能周也。故分官列职，各守其位；处其任者，必荷其忧。』臣之与主，同体合用。主之任臣，既如身之信手；臣之事主，亦如手之系身。上下协心，以理国事。不俟命而自勤，不求容而自亲，则君臣之道著也。

至忠章

盖闻古之忠臣，事其君也，尽心焉，尽力焉。称材居位，称能受禄。不面誉以求亲，不偷悦以苟合。公家之利，知无不为。上足以尊主安国，下足以丰财阜人。内匡君之过，外扬君之美。不以邪损正，不为私害公。见善行之如不及，见贤举之如不逮。竭力尽劳，而不望其报；程功积事，而不求其赏。务有益于国，务有济于人。

夫事君者，以忠正为基。忠正者，以慈惠为本。故为臣不能慈惠于百姓，而曰忠正于其君者，斯非至忠也。所以大臣必怀养人之德，而有恤下之心。利不可并，忠不可兼。不去小利，则大利不得；不去小忠，则大忠不至。故小利，大利之残也；小忠，大忠之贼也。

昔孔子曰：『为人下者，其犹土乎？种之则五谷生焉，掘之则甘泉出焉，草木殖焉，禽兽育焉，多其功而不言。』此忠臣之道也。

《尚书》曰：成王谓君陈曰：『尔有嘉谋嘉猷，则入告尔后于内，尔乃顺之于外。曰：「斯谋斯猷，惟我后之德。」臣人咸若时，惟良显哉！』

《礼记》曰：『善则称君，过则称己，则人作忠；善则称亲，过则称己，则人作孝。』《昌言》曰：『人之事亲也，不

去乎父母之侧，不倦乎劳辱之事。见父母体之不安，则不能寝；见父母食之不饱，则不能食。见父母之有善，则欣喜而戴之；见父母之有过，则泣涕而谏之。孜孜为此，以事其亲，焉有为人父母而憎之者也！』人之事君也，使无难易，无所惮也；事无劳逸，无所避也。其见委任也，则不恃恩宠而加敬；其见遗忘也，则不敢怨恨而加勤。险易不革其心，安危不变其志。见君之一善，则竭力以显誉，唯恐四海之不闻；见君主微过，则尽心而潜谏，唯虑一德之有失。孜孜为此，以事其君，焉有为人君主而憎之者也！故事亲而不为亲所知，是孝未至也；事君而不为君所知，是忠未至也。

古语云：『欲求忠臣，出于孝子之门。』非夫纯孝者，则不能立大忠。夫纯孝者，则能以大义修身，知立行之

本。欲尊其亲，必先尊于君；欲安其家，必先安于国。故古之忠臣，先其君而后其亲，先其国而后其家。何则？君者，亲之本也，亲非君而不存；国者，家之基也，家非国而不立。

昔楚恭王召令尹而谓之曰：『常侍管苏，与我处，常劝我以道，正我以义。吾与处不安也，不见不思也。虽然，吾有得也，其功不细，言劝正之功甚大。必厚禄之。』乃拜管苏为上卿。若管苏者，可谓至忠至正，能以道济其君者也。

守道章

夫道者，覆天载地，高不可际，深不可测。苞裹万物，禀授无形。舒之，覆于六合；卷之，不盈一握。小而能大，昧而能明；弱而能强，柔而能刚。

夫知道者，必达于理。达于理者，必明于权。明于权者，不以物害己。言察于安危，宁于祸福，谨于去就，莫之能害也。以此退居而闲游，江海山林之士服；以此佐时而匡主，忠立名显而身荣。退则巢、许之流，进则伊、望之伦也。故道之所在，圣人尊之。

老子曰：『道常无为而无不为。侯王若能守之，万物将自化。』『以道佐人主者，不以兵强于天下。』『夫佳兵者，不祥之器。故有道者，不处。』又曰：『上士闻道，勤而行之；中士闻道，若存若亡；下士闻道，大笑之。不笑，不足以为道。』

庄子曰：『夫体道者，无天怨，无人非，无物累，无鬼责。一心定而万事得。』

文子曰：『夫道者，无为无形，内以修身，外以理人。

故君臣有道即忠惠，父子有道即慈孝，士庶有道即相亲。故有道即和同，无道即离贰。由是观之，无道不宜也。』

管子曰：『道者，一人用之，不闻有余；天下行之，不闻不足。所谓道者，小取焉，则小得福；大取焉，则大得福。道者，所以正其身，而清其心者也。故道在身，则言自顺，行自正，事君自忠，事父自孝。』

《淮南子》曰：『大道之行，犹日月。江南河北，不能易其所；驰骛千里，不能移其处。其趋舍礼俗，无所不通。是以容成得之而为轩辅，傅说得之而为殷相。故欲致鱼者，先通水；欲致鸟者，先树木；欲立忠者，先知道。』又曰：『古之立德者，乐道而忘贱，故名不动心；乐道而忘贫，故利不动志。职繁而身逾逸，官大而事逾少。静而无欲，澹而能闲。以此修身，乃可谓知道矣。不知道者，释

其所以有，求其所未得。神劳于谋，知烦于事。福至则喜，祸至则忧。祸福萌生，终身不悟。此由于不知道也。』

《说苑》曰：『山致其高，而云雨起焉；水致其深，而蛟龙生焉；君子致其道，而福禄归矣。万物得其本，则生焉；百事得其道，则成焉。』

公正章

天无私覆，地无私载。日月无私烛，四时无私为。忍所私而行大义，可谓公矣。智而用私，不若愚而用公。人臣之公者，理官事，则不营私家；在公门，则不言货利；当公法，则不阿亲戚。奉公举贤，则不避仇雠。忠于事君，仁于利下。推之以恕道，行之以不党。伊、吕是也，故显名存于今，是之谓公也。

理人之道万端，所以行之在一。一者何？公而已矣。

六曰国家昏乱，所为不谀。然而敢犯主之严颜，面言主之过失。不辞其诛，身死国安，不悔所行。如此者，直臣也。是谓六正也。

六邪：一曰安官贪禄，营于私家，不务公事。怀其智，藏其能。主饥于论，渴于策，犹不肯尽节。容容乎与代沉浮，上下左右观望。如此者，具臣也。

二曰主所言，皆曰善；主所为，皆曰可。隐而求主之所好而进之，以快主之耳目，偷合苟容，与主为乐，不顾其后害。如此者，谀臣也。

三曰中实诐险，外貌小谨；巧言令色，又心疾贤。所欲进，则明其美，而隐其恶；所欲退，则明其过，而匿其美。使主妄行过任，赏罚不当，号令不行。如此者，奸臣也。

四曰智足以饰非，辩足以行说，反言易词，而成文章。内离骨肉之亲，外妬乱朝廷。如此者，谗臣也。

五曰专权擅威，持操国事，以为轻重。于私门成党，以富其家。又复增加威权，擅矫主命，以自贵显。如此者，贼臣也。

六曰谄主以邪，坠主不义；朋党比周，以蔽主明。入则辩言好辞，出则更复异其言语。使白黑无别，是非无间。候伺可不，推因而附然，使主恶布于境内，闻于四邻。如此者，亡国之臣也。是谓六邪。

贤臣处六正之道，不行六邪之术，故上安而下理，生则见乐，死则见思。此人臣之术也。

匡谏章

夫谏者，所以匡君于正也。《易》曰：『王臣謇謇，匪

也。』公曰：『善！』乃令曰：『臣有欲进善言，而谒者不通，罪至死。』

《说苑》曰：『从命利君，谓之顺；从命病君，谓之谀；逆命利君，谓之忠；逆命病君，谓之乱。君有过失，而不谏诤，将危国家，殒社稷也。有能尽言于君，用则留，不用则去，谓之谏；用则可，不用则死，谓之诤。有能率群下以谏君，君不能不听，遂解国之大患，除国之大害，竟能尊主安国者，谓之辅；有能抗君之命，反君之事，以安国之危，除主之辱，而成国之大利者，谓之弼。故谏、诤、辅、弼者，所谓社稷之臣，明君之所贵也。』又曰：『夫登高栋，临危檐，而目不眴，心不惧者，此工匠之勇也。入深泉，刺蛟龙，抱鼋鼍而出者，此渔父之勇也。入深山，刺猛兽，抱熊罴而出者，此猎夫之勇也；临血而不

战先登，暴骨流辞者，此武士之勇也；居于广廷，作色端辩，以犯君之严颜，前虽有乘轩之赏，未为之动，后虽有斧锧之诛，未为之惧者，此忠臣之勇也。君子于此五者，以忠臣之勇为贵也。』

《代要论》曰：『夫谏诤者，所以纳君于道，矫枉正非，救上之谬也。』上苟有谬，而无救焉，则害于事。害于事，则危。故《论语》曰：『危而不持，颠而不扶，则将焉用彼相矣。』然则，扶危之道，莫过于谏。是以国之将兴，贵在谏臣；家之将兴，贵在谏子。若君、父有非，臣、子不谏，欲求国泰家荣，不可得也。

臣轨下

诚信章

凡人之情，莫不爱于诚信。诚信者，即其心易知。故孔子曰：『为上易事，为下易知。』非诚信无以取爱于其君，非诚信无以取亲于百姓。故上下通诚者，则暗相信而不疑。其诚不通者，则近怀疑而不信。

孔子曰：『人而无信，不知其可。大车无輗，小车无軏，其何以行之哉？』

《吕氏春秋》曰：『信之为功，大矣。天行不信，则不能成岁。地行不信，则草木不大。春之德风，风不信，则其花不成。夏之德暑，暑不信，则其物不长。秋之德雨，雨不信，则其谷不坚。冬之德寒，寒不信，则其地不刚。夫以天地之大，四时之化，犹不能以不信成物，况于人乎？故君

臣不信，则国政不安；父子不信，则家道不睦；兄弟不信，则其情不亲；朋友不信，则其交易绝。夫可与为始，可与为终者，其唯信乎！信而又信，重袭于身。则可以畅于神明，通于天地矣。』

昔鲁哀公问于孔子曰：『请问取人之道？』孔子曰：『弓调，而后求劲焉；马服，而后求良焉；士必悫信，而后求智焉。』若士不悫信而有智能，譬之豺狼，不可近也。昔子贡问政，子曰：『足食，足兵，人信之矣。』子贡曰：『必不得已而去，于斯三者何先？』曰：『去兵。』子贡曰：『必不得已而去，于斯二者何先？』曰：『去食。自古皆有死，人无信不立。』

《体论》曰：『君子修身，莫善于诚信。夫诚信者，君子所以事君上，怀下人也。天不言，而人推高焉；地不

言，而人推厚焉；四时不言，而人与期焉。此以诚信为本者也。故诚信者，天地之所守，而君子之所贵也。』

《傅子》曰：『言出于口，结于心。守以不移，以立其身。』此君子之信也。故为臣不信，不足以奉君；为子不信，不足以事父。故臣以信忠其君，则君臣之道逾睦；子以信孝其父，则父子之情益隆。夫仁者不妄为，知者不妄动。择是而为之，计义而行之。故事立而功足恃也，身没而名足称也。虽有仁智，必以诚信为本。故以诚信为本者，谓之君子；以诈伪为本者，谓之小人。君子虽殒，善名不减；小人虽贵，恶名不除。

慎密章

夫修身正行，不可以不慎；谋虑机权，不可以不密。忧患生于所忽，祸害兴于细微。人臣不慎密者，多有终身

之悔。故言易泄者，召祸之媒也；事不慎者，取败之道也。明者视于无形，聪者听于无声，谋者谋于未兆，慎者慎于未成。不困，在于早虑；不穷，在于早预。非所言勿言，以避其患。非所为勿为，以避其危。孔子曰：『终日言，不遗己之忧；终日行，不遗己之患。唯智者能之。』故恐惧战兢，所以除患也；恭敬静密，所以远难也。终身为善，一言败之。可不慎乎！

夫口者，关也；舌者，机也。出言不当，驷马不能追也。口者，关也；舌者，兵也。出言不当，反自伤也。言出于己，不可止于人；行发于迩，不可止于远。夫言行者，君子之枢机。枢机之发，荣辱之主。夫君子戒慎乎其所不睹，恐惧乎其所不闻。莫见乎隐，莫显乎微。是故君子慎其独。在独犹慎，况于事君乎？况于处众乎？昔关尹谓

列子曰：『言美则响美，言恶则响恶，身长则影长，身短则影短。言者，所以召响也；身者，所以致影也。是故慎而言，将有和之；慎而身，将有随之。』

昔贤臣之事君也，入则造膝而言，出则诡词而对。其进人也，唯畏人之知，不欲恩从己出；其图事也，必推明于君，不欲谋自己造。畏权而恶宠，晦智而韬名。不觉事之在身，不觉荣之在己。人闭其口，我闭其心；人密其外，我密其里。不慎而慎，不恭而恭，斯大慎之人也。故大慎者，心知不欲口知。其次慎者，口知不欲人知。故大慎者闭心，次慎者闭口，下慎者闭门。昔孔光禀性周密，凡典枢机十有余年，时有所言，辄削草稿。沐口归休，兄弟妻子宴语，终不及朝省政事。或问光：『温室省中树，皆何木也？』光默而不应，更答以他语。若孔光者，可谓至

慎矣。故能终身无过，享其荣禄。

廉洁章

清静无为，则天与之时；恭廉守节，则地与之财。君子虽富贵，不以养伤身；虽贫贱，不以利毁廉。知为吏者，奉法以利人；不知为吏者，枉法以侵人。理官莫如平，临财莫如廉。廉平之德，吏之宝也。非其路而行之，虽劳不至；非其有而求之，虽强不得。知者不为非其事，廉者不求非其有，是以远害而名彰也。故君子行廉，以全其真；守清，以保其身。富财不如义多，高位不如德尊。

季文子相鲁，妾不衣帛，马不食粟。仲孙它谏曰：『子为鲁上卿，妾不衣帛，马不食粟，人其以子为吝，且不显国也。』文子曰：『然吾观国人之父母，衣粗食蔬，吾是以不敢。且吾闻君子以德显国，不闻以妾与马者。夫德者

得之于我，又得于彼，故可行也。若独贪于奢侈，好于文章，是不德也。何以相国？』仲孙慚而退。

韩宣子忧贫，叔向贺之。宣子问其故。对曰：『昔栾武子贵而能贫，故能垂德于后。今吾子之贫，是武子之德，能守廉静者，致福之道也。吾所以贺。』宣子再拜，受其言。宋人或得玉，献诸司城子罕。子罕不受。献玉者曰：『以示玉人，玉人以为宝，故敢献之。』子罕曰：『我以不贪为宝，尔以玉为宝。若以与我，皆丧宝也。不若人有其宝。』

公仪休为鲁相，使食公禄者，不得与下人争利。受大者，不得取小。客有遗相鱼者，相不受。客曰：『闻君嗜鱼，故遗君鱼。何故不受？』公仪休曰：『以嗜鱼，故不受也。今为相，能自给鱼。今受鱼而免相，谁复给我鱼者？吾故不受也。』

良将章

夫将者，君之所恃也。兵者，将之所恃也。故君欲立功者，必推心于将。将之求胜者，先致爱于兵。夫爱兵之道，务逸乐之，务丰厚之，不役力以为己，不贪财以殉私。内守廉平，外存忧恤。昔窦婴为将，置金于廊下，任士卒取之。私金且犹散施，岂有侵之者乎？吴起为将，卒有病痈者，吴起亲自吮之。其爱人也如此，岂有苦之者乎？

夫将者，心也；兵者，体也。心不专一，则体不安；将不诚信，则卒不勇。古之善将者，必以其身先之。暑不张盖，寒不披裘。军井未达，将不言渴；军幕未辨，将不言倦。当其合战，必立矢石之间。所以齐劳逸，共安危也。夫人之所乐者，生也；所恶者，死也。然而矢石若雨，白刃交挥，而士卒争先者，非轻死而乐伤也。夫将视兵如

子，则兵事将如父；将视兵如弟，则兵事将如兄。故《语》曰：『父子兄弟之军，不可与斗』。由其一心而相亲也。是以古之将者，贵得众心。以情亲之，则木石知感。况以爱率下，而不得其死力乎？

《孙子兵法》曰：『兵形象水。水之行，避高而就下；兵之形，避实而击虚。故水因地而制形，兵因敌而制胜。兵无常道，水无常形。兵能随敌变化而取胜者，谓之良将也。』所谓虚者，上下有隙，将吏相疑者也；所谓实者，上下同心，意气俱起者也。善将者，能实兵之气，以待人之虚；不善将者，乃虚兵之气，以待人之实。虚实之气，不可不察。

昔魏武侯问吴起曰：『兵以何为胜？』吴子曰：『兵以整为胜。』武侯曰：『不在众乎？』对曰：『若法令不

明，赏罚不信，金之不止，鼓之不进，虽有百万之师，何益于用？所谓整者，居则有礼，动则有威；进不可当，退不可追；前却如节，左右应麾。与之安，与之危，其众可合而不可离，可用而不可疲，是之谓礼将也。』吴起临战，左右进剑。吴子曰：『夫提鼓挥桴，临难决疑，此将军也。』

夫将有五材四义，知不可乱，明不可蔽，信不可欺，廉不可货，直不可曲，此五材也。受命之日，忘家；出门之日，忘亲；张军鼓宿，忘主；援桴合战，忘身。此四义也。将有五材、四义，百胜之术也。

夫攻守之法，无恃其不来，恃吾有以待之；无恃其不攻，恃吾之不可攻也。夫将若能先事虑事，先防求防，如此者，守则不可攻，攻则不可守。若骄贪而轻于敌者，必为人所擒。

昔子发为楚将，攻秦，军绝馈饷。使人请于王，因归问其母。其母问使者曰：『士卒得无恙乎？』使者曰：『士卒升分菽粒而食之。』又问曰：『将军得无恙乎？』对曰：『将军朝夕刍豢黍粱。』后子发破秦而归，母闭门而不纳。使人数之曰：『子不闻越王勾践之伐吴欤？客有献醇酒一器者，王使人注江上流，使士卒饮其下流，味不足加美，而士卒如有醉容。怀其德也，战自五焉。异日，又有献一囊糗糒者。王又以赐军士，军士分而食之。甘不足逾嗌，士卒如有饫容。怀其恩也，战自十焉。今子为将，士卒升分菽粒而食之，子独朝夕刍豢黍粱，何也？夫使人入于死地，而康乐于其上。虽复得胜，非其术也。子非吾子，无入吾门。』子发谢，然后得入。及后为将，乃与士卒同其甘苦。人怀恩德，争先矢石，遂功名日远。若子发之母者，可谓知为将之道矣。

昔赵孝成王时，秦攻赵。赵王使赵括代廉颇为将。括母上书曰：『括不可使将也。始妾事其父，父时为将，身所奉饭而进食者，以十数；所交者，以百数。大王所赐金币者，尽以与军吏、士大夫共之。受命之日，不问家事。今括一旦为将，东向而朝。军吏无敢仰视之者。王所赐金帛，归悉藏之。乃曰：「视便利田宅，可买者。」父子不同，执心各异，愿王勿遣。』王曰：『吾计已决矣。』括母曰：『王终遗之，即有不称，妾得无随坐乎？』王曰：『不也。』括遂行。代廉颇为将四十余日，赵兵果败，括死军覆。王以括母先言，不加诛也。若赵括母者，可谓预识成败之机也。

利人章

夫黔首苍生，天之所甚爱也。为其不能自理，故立君以理之。为君不能独化，故为臣以佐之。夫臣者，受君之重位，牧天之甚爱，焉可不安而利之，养而济之哉！是以君子任职，则思利人；事主，则思安俗。故居上而下不重，处前而后不怨。

夫衣食者，人之本也。人者，国之本。人恃衣食，犹鱼之待水；国之恃人，如人之倚足。鱼无水，则不可以生；人无足，则不可以步。故夏禹称『人无食，则我不能使也。功成而不利于人，则我不能劝也。』是以为臣之忠者，先利于人。

管子曰：『佐国之道，必先富人。人富则易化。是以七十九代之君，法制不一。然俱王天下者，必国富而粟多。粟生于农，故先王贵之。劝农之急，必先禁末作。末作禁，则人无游食。人无游食，则务农。务农则田垦，田垦则粟多，粟多则人富。是以古之禁末作者，所以利农事也。至如绮绣纂组，雕文刻镂，或破金为碎，或以易就难。皆非久固之资，徒艳凡庸之目。如此之类，为害实深。故好农功者，虽利迟而后富；好末作者，虽利速而后贫。但常人之情，罕能远计，弃本逐末，十室而九。才逢水旱，储蓄皆虚，良为此也。故善为臣者，必先为君除害兴利。所谓除害者，末作也；所谓兴利者，农功也。夫足寒伤心，人劳伤国，自然之理也。养心者不寒其足，为国者不劳其人。臣之与主，共养黎元，必当省徭轻赋，以广人财，不夺人时，以足人用。

夫人之于君，犹子于父母。未有子贫，而父母富；子富，而父母贫。故人足者，非独人之足，国之足也；人匮者，非独人之匮，国之匮也。是以《论语》云：『百姓不足，君孰与足？』故助君而恤人者，至忠之远谋也；损下而益上者，人臣之浅虑也。

贾子曰：『上古之代，务在劝农，故三年耕而余一年之蓄，九年耕而余三年之蓄，三十年耕而余十年之蓄。故尧水九年，汤旱七载，野无青草，而人无饥色者，诚有此备也。』故建国之本，必在于农。忠臣之思利人者，务在劝导，家给人足，则国自安焉。

论曰：『夫君臣之道，上下相资。』喻涉水之舟航，比翔空之羽翼。故至神攸契，则星象降于穹苍；妙感潜通，则风云彰于寤寐。其同体也，则股肱、耳目，不足以匹其

同；其益政也，则麴糵、盐梅，未可以方其益。谅直之操，由此而兴；节义之风，因斯以著。是知家与国而不异，君与亲而一归。显己扬名，惟忠惟孝。每以官闱暇景，博览琼编，观往哲之弼谐，睹前言之龟镜，未尝不临文嗟尚，抚卷循环。庶令匡翊之贤，更越夔、龙之美。爰申翰墨，载列缣缃。何则？荣辱无门，惟人所召。若使心归大道，情切至忠；务守公平，贵敦诚信。抱廉洁而为行，怀慎密以修身，奉上崇匡谏之规，恤下思利人之术，自然名实兼茂，禄位俱延。荣不召而自来，辱不遣而斯去。然则，忠正者致福之本，戒慎者集庆之源。若影随形，犹声逐响。凡百群彦，可不勖欤。

垂拱之年撰

州县提纲（节选）

〔宋〕陈襄 撰

《州县提纲》论述了作为一个县官所做到或应注意的方方面面，内容较具体、庞杂，涉及面广，虽缺之条理性和体系化，但很实用。故被称为是一部县令处理政务的指南。

《州县提纲》乃明代杨士奇《文渊阁书目》所收，题为陈古灵撰。陈古灵即陈襄（一〇一七至一〇八〇），字述古，别号古灵，福建侯官人，宋代宗庆历二年进士，曾在多个州县任职。史称陈襄『莅官所至，必务兴学校，平居存心以讲求民间利病为急。既亡，友人刘彝视其箧，得手书累数十幅，盈纸细书，大抵皆民事也。』可见《州县提纲》系陈襄为官时日积月累所得，共四卷。本书在选入时，只录其卷一部分。

洁己

居官不言廉。廉，盖居官者分内事。孰不知廉可以服人，然中无所主，则见利易动。其天资黩货，窃取于公、受赂于民，略亡忌惮者，固不足论。若夫稍知忌惮者，则曰：『吾不窃取于公，受赂于民，足矣』。吏呈辞讼，度有所取，则曲从书判。未几，责置缣帛，虚立领直，十不偿一；私家饮食，备于市买，纵其强掠于市，不酬其钱；役工匠造器用，则不给衣食；勒吏输具，以至灯烛樵薪，责之吏典。似此者，不一而足。虽欲避窃取、受赂之名，不知吏之所得，非官司欺弊，则掊民膏脂，吾取于此，与窃取、受

防私觌之欺

凡医术游谒之士，固不能绝其谒见，然谒见之数，不能亡嫌。间有私觌者，必接于公厅。盖十目所视，可防其妄以关节欺人。顷年尝睹一术士，受赂于袖，诈言以与官人傍，则令所赂之人远观，彼见其接之私室，与之私语，以为诚然。迨至兴讼，无以自明矣。

戒亲戚贩鬻

士大夫闲居时，亲戚追陪，情意稠密。至赴官后，多私贩货物，假名匿税，远至官所以求售。居官者以人情不可却，或馆之廨舍，或送之寺观，以其货物分之人吏，责之牙侩，而欲取数倍之利。甚则纵其交通关节，以济其行。一旦起讼，咎将谁归？要当戒之于未至之先，或有为贫而来者，宜待之以礼，遗之以清俸，亟遣之归，毋令留滞。

责吏须自反

今之为官者，皆曰吏之贪，不可不惩；吏之顽，不可不治。夫吏之贪顽，固可惩治矣，然必先反诸己以率吏。夫富者不为吏，而为吏者皆贫，仰事俯育，丧葬嫁娶，凡欲资其生者，与吾同耳。亡请给于公，悉藉赃以为衣食。士大夫受君之命，食君之禄，尚或亡厌而窃于公，取于民，私家色色，勒吏出备，乃反以彼为贪为顽，何耶？故尝谓：惟圭璧其身，纤毫无玷，然后可以严责吏矣。

燕会宜简

为县官者，同僚平时相聚，固有效郡例，厚为折俎，用妓乐倡优，费率不下二三十缗者。夫郡有公帑，于法当用，县家无合用钱，不过勒吏辈均备耳。夫吏之所出，皆